O coração do homem

coração
homem

o coração do homem

Editora Vida
Rua Conde de Sarzedas, 246 - Liberdade
CEP 01512-070 - São Paulo, SP
Tel.: 0 xx 11 2618 7000
atendimento@editoravida.com.br
www.editoravida.com.br

© 1996, 2019 por Editora Vida
Edição publicada com permissão da
ALL NATIONS GOSPEL PUBLISHER
P.O. Box 2191, Pretoria
0001, South Africa

■

Todos os direitos reservados em língua portuguesa por Editora Vida.

PROIBIDA A REPRODUÇÃO POR QUAISQUER MEIOS, SALVO EM BREVES CITAÇÕES, COM INDICAÇÃO DA FONTE.

■

Adaptação ao Acordo Ortográfico: Equipe Vida
Revisão de provas: Josemar de Souza Pinto
Diagramação: Claudia Fatel Lino
Ilustração: Valdir Guerra
Capa: Arte Peniel

As citações bíblicas foram extraídas da Edição Comtemporânea da Tradução de João Ferreira de Almeida, publicada pela Editora Vida.

1. edição: 1996
13ª reimp.: dez. 2017
2. edição: jul. 2019

Dados Internacionais de Catalogação na Publicação (CIP)
(Câmara Brasileira do Livro, SP, Brasil)

O Coração do homem / Anônimo. -- 2. ed. -- São Paulo : Editora Vida, 2019.

ISBN 978-85-7367-327-3

1. Bem e mal 2. Vida cristã.

19-28327 CDD-248.4

Índices para catálogo sistemático
1. Crescimento espiritual : Vida cristã 248.4
Maria Paula C. Riyuzo - Bibliotecária - CRB-8/7639

Este não é um livro novo. Apareceu pela primeira vez na França, há mais de duzentos anos, e trouxe, desde então, grandes bênçãos a milhares de almas. Tem servido de espelho espiritual, no qual as pessoas têm visto a sua própria condição, tal qual Deus as vê. Muitos dos que viram o seu coração pecaminoso revelado por meio destas páginas arrependeram-se e alcançaram um novo coração e um novo espírito.

Enquanto estiver lendo este livro, guarde, por favor, em seu pensamento, que ele é um espelho no qual você pode se contemplar. Quer você seja cristão quer pagão, crente ou incrédulo, encontrará nele a sua imagem tal como Deus a contempla. Pois ele olha para o coração do homem.

Satanás é o pai da mentira, o príncipe das trevas e o deus deste século. Ele é capaz de transformar-se em um anjo de luz. No entanto, ele não é mais um anjo de luz, como muitos supõem; essas pessoas até se ofendem quando Satanás é representado tal como ele é.

Assim como nos tempos antigos existiram muitos falsos profetas, há hoje obreiros mentirosos que se transformam em apóstolos de Cristo. Não é, pois, de admirar que o próprio Satanás se transforme num anjo de luz (cf. 2Coríntios 11.13,14). Satanás cega o entendimento dos homens para que não possam ver o amor de Deus, a glória e majestade de Jeová, nem seu Redentor Jesus Cristo (cf. 2Coríntios 4.4).

O povo, cego pelo deus deste século, não pode ver que está caminhando apressadamente para a eterna destruição, para o inferno que arde com fogo e enxofre. Estão mortos para Deus e são governados pelo deus deste século (cf. Efésios 2.2).

"Para isto o Filho de Deus se manifestou: para destruir as obras do diabo." (1João 3.8)

Portanto, "sujeitai-vos, pois, a Deus. Resisti ao diabo e ele fugirá de vós. Chegai-vos a Deus, e ele se chegará a vós" (Tiago 4.7,8).

Ao ler o livro e examinar seus quadros, você poderá olhar para dentro do seu coração. Permita que o seu coração seja examinado e você verá qual é a sua condição. Se achar que ele é mau e pecaminoso, não negue esse fato, tampouco tente escondê-lo; antes, confesse o seu pecado.

"Se dissermos que não temos pecado nenhum, enganamo-nos a nós mesmos, e não há verdade em nós." (1João 1.8)

Humilhe-se debaixo da potente mão de Deus, para que ele possa perdoar os seus pecados e o purificar no precioso sangue de Jesus Cristo.

Você é governado por Deus ou por Satanás. Você é escravo do pecado ou servo de Deus. Se o pecado reinar em sua vida, não procure negar esse fato. Antes, clame a Deus, que o livrará por Jesus Cristo, pois ele veio a este mundo a fim de salvar os pecadores, abrir os olhos aos cegos e tirar-nos das trevas, bem como tirar as trevas de dentro de nós. Ele veio para nos trazer a sua maravilhosa luz. Jesus veio para nos livrar do poder do pecado e de Satanás. Por ele, temos a redenção de nosso pecado. Você agora está diante do Deus santo, que vê e conhece todos os seus segredos e atos ocultos, assim como todos os seus pensamentos. Você não pode esconder de Deus os seus atos nem a si mesmo.

"Aquele que fez o ouvido, não ouvirá? E o que formou o olho, não verá?" (Salmos 94.9)

"Os seus olhos estão sobre os caminhos dos homens; ele vê todos os seus passos. Não há trevas nem sombra de morte, onde se escondam os que praticam a iniquidade." (Jó 34.21,22)

"Pois os olhos do Senhor passam por toda a terra, para mostrar-se forte para com aqueles cujo coração é perfeito para com ele." (2Crônicas 16.9)

"Bem-aventurado aquele cuja transgressão é perdoada, e cujo pecado é coberto. Bem-aventurado o homem a quem o Senhor não atribui pecado, e em cujo espírito não há engano." (Salmos 32.1,2)

Jesus ainda hoje está chamando: "Vinde a mim todos os que estais cansados e sobrecarregados e eu vos aliviarei" (Mateus 11.28).

PRIMEIRO QUADRO

Neste quadro, abaixo da cabeça, vê-se o coração humano; moram nele diversos animais, que nos falam das várias qualidades de pecado no coração do homem, pois o coração é a habitação dos nossos pecados. Deus nos diz, pela boca do profeta Jeremias: "Enganoso é o coração, mais do que todas as coisas, e incorrigível. Quem o conhecerá?" (Jeremias 17.9). Jesus mesmo confirma isso, dizendo: "Pois do interior do coração dos homens saem os maus pensamentos, os adultérios, as prostituições, os homicídios, os furtos, a avareza, as maldades, o engano, a lascívia, a inveja, a blasfêmia, a soberba, a loucura. Todos estes males procedem de dentro, e contaminam o homem" (Marcos 7.21-23).

O pavão

Enquanto a beleza do pavão é apreciada por todos, no coração do homem ele representa o pecado do orgulho. Lúcifer, o querubim ungido uma vez, portador

— 8 —

PRIMEIRO QUADRO

da luz de Deus, um anjo de Deus, caiu por causa do orgulho e tornou-se inimigo de Deus — Satanás (cf. Isaías 14.8-17; Ezequiel 28.12-17).

O orgulho vem do próprio abismo e revela-se de muitas maneiras. Alguns se orgulham de sua riqueza, educação superior e por se vestir conforme a moda — embora, por vezes, sem pudor nem vergonha. Outros se orgulham de seus antepassados, da sua nacionalidade, da sua cultura, do esporte etc., esquecendo-se de que Deus resiste aos soberbos, mas dá graça aos humildes (cf. 1Pedro 5.5).

"A soberba precede a ruína." (Provérbios 16.18)

O bode

Um animal fedorento e dissoluto, que exprime concupiscência carnal, imoralidade, fornicação, adultério. Esses pecados tomaram tal incremento nos últimos dias, nos chamados tempos modernos, que somos obrigados a admitir a verdade das palavras de Jesus, quando profetizou, cerca de dois mil anos atrás, que os últimos dias seriam como os dias de Sodoma e Gomorra.

Esse espírito moderno não somente tem agarrado homens e mulheres incrédulos, mas penetrado até nos lares de pessoas religiosas e nas escolas. Essa semente corrupta é semeada sem vergonha e com maneiras sutis e diabólicas no coração humano por intermédio do cinema, do teatro, da literatura imunda, da televisão e de tantos outros meios, de maneira que o que Deus chama pecado, chama-se hoje moralidade moderna.

Milhões de jovens formam sua concepção da vida ideal por aquilo que veem no cinema e leem nos romances, para depois estarem em dificuldades, vergonha, remorso. Atores e atrizes imorais são os heróis e heroínas da atual geração. As baladas também são muitas vezes lugares que geram imoralidades. Heróis de Deus, como José (cf. Gênesis 39) e outros, já não são exemplos a serem seguidos.

Deus nos adverte de que não devemos brincar com a fornicação; antes, fugir dela.

"Fugi da prostituição. Todo o pecado que o homem comete é fora do corpo, mas o que se prostitui peca contra o seu próprio corpo. Ou não sabeis que o nosso corpo é santuário do Espírito Santo, que habita em vós, proveniente de Deus? Não sois de vós mesmos." (1Coríntios 6.18,19)

"Se alguém destruir o santuário de Deus, Deus o destruirá; pois o santuário de Deus, que sois vós, é sagrado." (1Coríntios 3.17)

O porco

O porco fala-nos dos pecados da bebedeira e glutonaria. É um animal imundo, que devora tudo o que encontra, quer limpo quer sujo; e do mesmo modo o coração pecaminoso devora toda sugestão imunda, por exemplo, expressões feias, filmes pornográficos ou literatura imoral.

O corpo, que foi criado para ser o santuário do Deus vivo, é profanado por comida imunda e hábitos pecaminosos, tais como fumar, mascar tabaco ou o uso de cocaína ou outras substâncias entorpecentes. O hábito de fumar tem se arraigado nos homens e nas mulheres como nunca. Só o poder de Deus pode libertar tais vítimas da escravidão de Satanás.

Enquanto muitos religiosos não se atrevem a fumar nas igrejas, não têm, fora dali, escrúpulos de estragar, aquilo que na verdade é o santuário de Deus — o nosso corpo. Quanto a isso, Paulo escreveu:

"Se alguém destruir o santuário de Deus, Deus o destruirá; pois o santuário de Deus, que sois vós, é sagrado" (1Coríntios 3.17).

O comilão é também abominável aos olhos do Senhor. Comemos para viver, não vivemos para comer. A fome satisfaz-se por comer boa comida, mas a concupiscência diz: "Mais, mais, mais". A concupiscência nunca se satisfaz. Segundo a Lei do Antigo Testamento, o comilão e o beberrão deviam ser apedrejados (cf. Deuteronômio 21.18-21).

"Pois o beberrão e o comilão cairão em pobreza, e a sonolência cobrirá de trapos o homem." (Provérbios 23.21)

"Mas o companheiro dos comilões envergonha a seu pai." (Provérbios 28.7)

Lembremo-nos do rico que era comilão e beberrão e, ao morrer, levantou os olhos no inferno, onde estava em tormentos indescritíveis. O prejuízo que as bebidas alcoólicas provocam não precisa ser explicado, tão conhecidos são os seus efeitos!

Deus diz claramente na sua Palavra que nenhum beberrão herdará o reino de Deus. Tanto aquele que produz quanto o que vende bebidas fortes são culpados perante Deus, pois o Senhor diz:

"Ai dos que são poderosos para beber vinho, e valentes para misturar bebida forte" (Isaías 5.22).

"Ai daquele que dá de beber ao seu companheiro, que lhe chega o seu odre, e o embebeda, para ver a sua nudez." (Habacuque 2.15)

"Harpas e liras, tamborins e flautas, e vinho há nos seus banquetes, mas não olham para a obra do Senhor; nem consideram a obra das suas mãos." (Isaías 5.12)

"Não sabeis que os injustos não hão de herdar o reino de Deus? Não erreis: nem impuros, nem idólatras, nem adúlteros, nem efeminados, nem sodomitas, nem ladrões, nem avarentos, nem bêbados, nem maldizentes, nem roubadores herdarão o reino de Deus" (1Coríntios 6.9.10)

"As obras da carne são bem conhecidas, as quais são: prostituição, impureza, lascívia, idolatria, feitiçarias, inimizades, porfias, ciúmes, iras, pelejas, dissensões, facções, invejas, bebedices, orgias, e coisas semelhantes a estas, acerca das quais vos declaro, como já antes vos preveni, que os que cometem tais coisas não herdarão o reino de Deus." (Gálatas 5.19-21)

"E não vos embriagueis com vinho, em que há devassidão, mas enchei-vos do Espírito." (Efésios 5.18)

Jesus oferece o seguinte convite aos que têm sede: "Se alguém tem sede, venha a mim e beba" (João 7.37).

"Vós, todos os que tendes sede, vinde às águas, e os que não tendes dinheiro vinde, comprai e comei; sim, vinde e comprai, sem dinheiro e sem preço, vinho e leite." (Isaías 55.1)

"Mas aquele que beber da água que eu lhe der nunca mais terá sede. Deveras, a água que eu lhe der se fará nele uma fonte de água que jorre para a vida eterna." (João 4.14)

A tartaruga

A tartaruga fala-nos de preguiça e feitiçaria.

"O desejo do preguiçoso o mata, porque as suas mãos recusam-se a trabalhar." (Provérbios 21.25)

Josué tinha de dizer ao povo de Israel: "Não sejais preguiçosos de possuir a terra". A natureza humana é muito preguiçosa e ociosa para adquirir as coisas de Deus. Jesus disse:

"Esforçai-vos por entrar pela porta estreita" (Lucas 13.24).

Diz também que quem procura, encontra:

"Desde os dias de João Batista até agora, faz-se violência ao reino dos céus, e pela força apoderam-se dele" (Mateus 11.12).

Ser preguiçoso acerca da salvação e do bem-estar espiritual da nossa alma conduz-nos à perdição. Impede-nos de orar, de penetrar as profundezas de Deus, de tomar posse das ricas promessas do Senhor e conduz-nos à destruição.

Quando Deus fala, encorajando-o a entregar-lhe hoje o seu coração, Satanás diz que você só deve fazer isso amanhã ou em outra ocasião mais oportuna, que infelizmente nunca chega; e você morrerá sem a salvação e sem Cristo. Deus diz:

"Hoje, se ouvirdes a sua voz, não endureçais os vossos corações, como no dia da tentação no deserto" (Hebreus 3.7,8).

Quantos têm perecido por adiar a salvação para um dia mais oportuno, que nunca chega! O dia de amanhã não nos pertence.

O casco da tartaruga é muitas vezes usada pelos indígenas da África do Sul para a prática dos seus feitiços. Ela é sinônimo do pecado de confiar no poder do feitiço e na leitura da sorte, em vez de no Deus vivo.

Especialmente nos tempos de tribulação e doença, adversidade e morte, somos convidados a clamar ao Deus vivo, que está pronto a nos ajudar, em vez de confiarmos na boa sorte ou na má sorte.

"Os passos do homem bom são confirmados pelo Senhor." (Salmos 37.23)

"Não levanteis a vossa fronte altiva, nem faleis com cerviz dura; porque nem do oriente, nem do ocidente, nem do deserto vem a exaltação. Mas Deus é o juiz; a um abate, e a outro exalta." (Salmos 75.5-7)

Deus deu mandamento ao povo de Israel, dizendo:

"Não haja no teu meio quem faça passar pelo fogo o filho ou a filha, nem adivinhador, nem prognosticador, nem agoureiro, nem feiticeiro, nem encantador, nem necromante, nem mágico, nem quem consulte os mortos. O Senhor abomina todo aquele que faz essas coisas" (Deuteronômio 18.10-12).

"Ficarão de fora os cães, os feiticeiros, os adúlteros, os homicidas, os idólatras, e todo aquele que ama e pratica a mentira." (Apocalipse 22.15)

"Não vos voltareis para os médiuns, nem para os feiticeiros, a fim de vos contaminardes com eles. Eu sou o Senhor vosso Deus." (Levítico 19.31)

"Quando vos disserem: Consultai os médiuns e os feiticeiros, que chilreiam e murmuram entre dentes, respondei: Acaso não consultará um povo a seu Deus? Acaso a favor dos vivos se consultarão os mortos? À Lei e ao Testemunho! Se eles não falarem segundo esta palavra, nunca verão a alva." (Isaías 8.19,20)

Enquanto você está lendo este livro, Deus está falando com você, chamando-o ao arrependimento dos seus pecados e a uma entrega de vida a ele. Mas o espírito da tartaruga, que está em você, sugere o adiamento da sua decisão para qualquer outro dia. Tenta encher seu coração de medo e perguntas como estas: "Que dirão os meus amigos e o mundo se eu me converter a Cristo? Como hei de passar o tempo se não posso dançar, nem ir ao cinema nem a outros passatempos do mundo?".

Em vez de olhar para as riquezas incompreensíveis de Cristo, para a sua maravilhosa paz, sua alegria inexprimível, sua glória e vida imortal cheia de felicidade, quando permitir que Cristo entre no seu coração. Ao mesmo tempo, o medo do próximo e da morte o guarda na escravidão do Diabo. Mas Cristo veio para libertar todos aqueles que pelo medo da morte têm sido escravos durante toda a vida (cf. Hebreus 2.14,15).

O espírito da procrastinação endurece seu coração até ficar tão duro como o casco da tartaruga.

A onça

É um animal cruel e feroz. O ódio, a ira e o mau gênio governam muitas vezes o coração do homem, até conduzi-lo à morte. Você poderá tentar conseguir dominar o mau gênio, mas por fim ele explodirá com todo o seu furor. Melhor é confessar que isso está no seu coração e pedir a Jesus que o livre dele.

"Deixa a ira, e abandona o furor; não te indignes para fazer o mal." (Salmos 37.8)

"Cruel é o furor e impetuosa a ira, mas quem pode parar na presença da inveja?" (Provérbios 27.4)

"Afasta, pois, a ira do teu coração." (Eclesiastes 11.10)

"Agora, porém, despojai-vos também de tudo: da ira, da cólera, da malícia, da maledicência, das palavras torpes da vossa boca." (Colossenses 3.8)

Muitos tentam acalmar a sua ira bebendo ou vingando-se, mas o "seu vinho é ardente veneno de dragões, e peçonha cruel de víboras" (Deuteronômio 32.33).

A vingança é doce ao coração pecaminoso, mas ela pertence somente a Deus. Jesus disse: "Amai os vossos inimigos". Deus prometeu perdoar os nossos pecados se perdoarmos àqueles que pecam contra nós. Um espírito de rancor é também uma abominação perante Deus. O desejo mau de derramar sangue e guerra está latente no coração humano; portanto, a paz verdadeira tem de ser estabelecida no coração do homem.

A serpente

A serpente enganou Eva no jardim do Éden e destruiu a doce comunhão e harmonia entre Deus e o homem. Satanás, o anjo caído, teve inveja de Adão e Eva quando os viu reinar sobre o mundo e em união perfeita com Deus, ocupando seu lugar.

Impelido pela inveja, Satanás planejou destruir essa maravilhosa harmonia e comunhão entre o ser humano e o Senhor e conseguiu. Por conta desse mesmo ciúme diabólico e da inveja no coração humano, muitos têm destruído a felicidade do coração de outras pessoas ao vê-las felizes e vivendo confortavelmente.

"E duro como a sepultura é o ciúme." (Cantares 8.6)

Ele põe no coração humano o desejo de destruir a felicidade dos outros, e esse desejo por vezes pode levar até a morte. Isso acontece especialmente entre os cônjuges. Nos negócios e em outras esferas da vida, causa miséria e ira sem fim. Até os obreiros cristãos, pregadores e ministros, não estão isentos dos ataques do ciúme e devem viver constantemente alertas e ter o coração cheio do Espírito Santo. De outra forma, o pensamento de que Deus está a servir-se de outro servo mais do que deles estragará o seu ministério e encerrará sua utilidade para o Senhor.

A rã

A rã fala-nos do pecado da avareza e do amor ao dinheiro, que é a raiz de todos os males (cf. 1Timóteo 6.10).

Há uma espécie de rã, no Congo, que come formigas às centenas, até que se arrebentam e morrem. Uma pessoa avarenta não gosta de abrir a mão para ajudar os pobres e necessitados. Antes, tenta, por meios lícitos ou ilícitos, juntar e ganhar as riquezas deste mundo, que nos corrompem facilmente. Jesus mesmo disse:

"Não ajunteis tesouros na terra, onde a traça e a ferrugem destroem e onde os ladrões arrombam e roubam. Mas ajuntai tesouros no céu, onde nem a traça nem a ferrugem destroem e onde os ladrões não arrombam nem roubam. Pois onde estiver o vosso tesouro, aí estará também o vosso coração" (Mateus 6.19-21).

Acã e sua casa pereceram porque ele amou o ouro, a prata, as pedras preciosas e as vestes (cf. Josué 7). Judas Iscariotes, o discípulo de Jesus, enforcou-se porque o amor ao dinheiro fez que traísse seu Mestre e Senhor. Não é o dinheiro que é mau, mas, sim, o amor ao dinheiro que se esconde no coração humano.

Milhares de homens e mulheres de todas as classes e raças estão destruindo sua vida e a de seus familiares pelo mau desejo de conseguir repentinamente grandes fortunas, talvez na loteria, nas corridas de cavalos, nas apostas de futebol etc.

O desejo de ser rico sem trabalhar conduz ao roubo e ao crime e, por vezes, ao homicídio. O amor ao dinheiro e a avareza têm muitos amigos, tais como: o amor à fama e ao poder — quer político, para governar outros;

quer financeiro, a fim de oprimir os pobres; quer religioso, que pretende ser mais zeloso por uma organização eclesiástica do que propriamente por Deus, condenando qualquer cristão que ousa seguir a Cristo sem se conformar a uma igreja em particular (cf. Marcos 9.38).

Jesus disse:

"Acautelai-vos e guardai-vos da avareza; a vida de um homem não consiste na abundância dos bens que ele possui" (Lucas 12.15).

A história do rico insensato é assim contada:

"O campo de um homem rico produziu com abundância. Então ele arrazoava consigo mesmo, dizendo: Que farei? Não tenho onde recolher os meus frutos. E disse: Farei isto: Derrubarei os meus celeiros e edificarei outros maiores, e aí recolherei todo o meu produto e todos os meus bens. Então direi à minha alma: Alma, tens em depósito muitos bens para muitos anos; descansa, come, bebe e folga. Mas Deus lhe disse: Louco, esta noite te pedirão a tua alma. Então o que tens preparado, para quem será? Assim é aquele que para si ajunta tesouros e não é rico para com Deus" (Lucas 12.16-21).

"Que aproveitaria ao homem ganhar o mundo todo, e perder a sua alma?" (Marcos 8.36)

"Não estejais apreensivos pela vossa vida, sobre o que comereis, nem pelo corpo, sobre o que vestireis. [...] Buscai antes o reino de Deus, e todas estas coisas vos serão acrescentadas. [...] Pois onde estiver o vosso tesouro, aí estará também o vosso coração." (Lucas 12.22,31,34)

Satanás, pai de todos os que praticam a mentira, é o instigador do pecado e é quem reina no coração do pecador. Jesus disse:

"Vós pertenceis ao vosso pai, o Diabo, e quereis executar o desejo dele. Ele foi homicida desde o princípio, e não se firmou na verdade, pois não há verdade nele. Quando ele profere mentira, fala do que lhe é próprio, pois é mentiroso e pai da mentira" (João 8.44).

Uma pequena mentira é para Deus tão grave quanto uma grande. Há mentiras faladas, escritas e praticadas. Um hipócrita é um mentiroso, porque pretende ser o que, na realidade, não é. Deus não pode mentir — nem deve o cristão mentir (cf. Tito 1.2).

"Se dissermos que temos comunhão com ele, e andarmos nas trevas, mentimos, e não praticamos a verdade." (1João 1.6)

"Ficarão de fora os cães, e os feiticeiros, os adúlteros, os homicidas, os idólatras, e todo aquele que ama e pratica a mentira." (Apocalipse 22.15)

"Há seis coisas que o Senhor odeia [...] testemunha falsa que profere mentiras." (Provérbios 6.16,19)

A estrela

A estrela fala da consciência que se encontra em todo o ser humano. Aqui se apresenta sem nenhum brilho, profana e má, e provavelmente morta pelo contínuo pecado e pela obstinação. É uma consciência tão cega e pervertida que nem pode julgar suas próprias ações. Ela está por vezes quieta ou atribulada. Acusa quando devia desculpar e desculpa quando devia acusar. Por vezes pode estar endurecida e ter perdido já toda a sensibilidade por ser apóstata, dando ouvidos a espíritos enganadores e a doutrinas de demônios, pela hipocrisia de homens que falam mentiras (cf. 1Timóteo 4.1-7; Hebreus 10.22).

O olho de Deus

O olho de Deus vê tudo o que se passa no coração. Nada pode se esconder do seu olhar penetrante, portanto ele conhece e vê todos os pensamentos escondidos e as intenções do coração. O olho, nesse quadro, também corresponde à expressão do rosto do homem.

Chamas de fogo

As pequenas chamas de fogo em volta do coração representam o amor de Deus em torno do coração pecaminoso. Ao mesmo tempo que Deus odeia o pecado, ele ama o pecador e não deseja sua morte, mas que se arrependa.

As chamas também falam do sangue de Jesus Cristo, "o Cordeiro de Deus que tira o pecado do mundo".

O anjo

O anjo representa a Palavra de Deus. Deus quer falar ao homem ou à mulher enganados e cheios de pecado, a fim de que se arrependam e deixem entrar a luz e o amor de Deus no seu coração.

A pomba

A pomba é o emblema do Espírito Santo, o Espírito da Verdade, que convence do pecado, da justiça e do juízo. O Espírito Santo, nesse caso, está fora do coração humano. Ele não pode permanecer onde reina o pecado.

No caso de esse quadro representar a condição do coração do leitor, clame ao Senhor, abra-lhe o coração e deixe entrar a luz da sua Palavra: "Crede no Senhor Jesus Cristo e sereis salvos". Deus está ansioso para o salvar e promete transformar o seu coração e dar a você um coração e um espírito novos. Isso está representado no segundo quadro.

SEGUNDO QUADRO

Este quadro mostra um coração penitente, que começa a procurar Deus. O anjo segura a espada que representa a Palavra de Deus, que "é viva e eficaz, e mais cortante do que qualquer espada de dois gumes, e penetra até ao ponto de dividir alma e espírito, juntas

SEGUNDO QUADRO

e medulas, e é apta para discernir os pensamentos e intenções do coração" (Hebreus 4.12).

A Palavra de Deus faz-nos lembrar de que "o salário do pecado é a morte" e de que "aos homens está ordenado morrer uma só vez, vindo depois disso o juízo" (Hebreus 9.27). A porção do pecador e do descrente será no "lago de fogo e enxofre" (Apocalipse 20.10).

Na outra mão, o anjo segura uma caveira. Isso serve para recordar ao pecador que todos nós temos que morrer. O nosso corpo, que tanto amamos, pois o vestimos, alimentamos e o embelezamos — tanto cuidado e atenção lhe damos a fim de satisfazer os seus apetites e desejos —, por fim há de morrer, apodrecer e ser comido pelos vermes, enquanto nossa alma e nosso espírito irão viver para todo o sempre. Eles comparecerão um dia perante o trono de Deus.

Aqui vemos o pecador quando começa a prestar atenção à mensagem do Senhor e abre o coração para o seu amor. O Espírito Santo começa a brilhar nesse coração em trevas e pecaminoso. A luz de Deus entra no seu templo para pôr fim à escuridão. Quando a luz de Deus entra, a escuridão tem de sair. O pecado, representado pelos vários animais, tem de fugir.

Portanto, caro leitor, permita que Jesus, a Luz do mundo, entre no seu coração. Assim como indica o quadro, Jesus Cristo disse:

"Eu sou a luz do mundo. Quem me segue não andará em trevas, mas terá a luz da vida" (João 8.12).

Você nunca será capaz de expulsar as trevas do seu coração pelos seus esforços, pela sua sabedoria, nem ainda pela sabedoria humana. A maneira mais simples, mais segura, mais rápida e a única de vencer, é deixar a Luz de Deus entrar, e as trevas, os nossos pecados, fugirão.

A Lua e as estrelas ajudam-nos a ver durante as horas da noite, mas, quando chega o dia, as trevas, a luz e as estrelas desaparecem. Jesus é o Sol da Justiça. Quando ele entrou no templo de Jerusalém, expulsou todos os que vendiam bois, pombas, ovelhas e espalhou o dinheiro dos cambistas, dizendo:

"Está escrito: A minha casa será chamada casa de oração, mas, vós a tendes convertido em covil de ladrões" (Mateus 21.13).

Seu coração foi destinado a ser uma casa de Deus, o templo de Deus. Ele deseja morar em seu coração; portanto, deixe-o enchê-lo de luz, de amor, de alegria, tornando-o belo. Jesus não veio somente para perdoar nossos pecados, mas para nos livrar do poder e domínio do pecado. "Se o Filho vos libertar, verdadeiramente sereis livres." (João 8.36)

TERCEIRO QUADRO

Este quadro mostra-nos o estado da alma de um pecador verdadeiramente arrependido. Ele vê agora

TERCEIRO QUADRO

como são grandes e horríveis os seus pecados, pelos quais Jesus morreu na cruz.

Enquanto olha para a cruz, que o anjo, representando a Palavra de Deus, segura na mão, ele se sente tocado em seu coração já contrito e comovido pelo arrependimento e tristeza por causa dos seus muitos pecados. O grande amor de Deus manifestado em Cristo comove seu coração, especialmente quando se recorda que Jesus Cristo, o Filho de Deus, veio para receber em si o castigo dos nossos pecados e que ele morreu ocupando o nosso lugar.

O fato de Jesus Cristo ter sido açoitado, coroado de espinhos e pregado pelas mãos e pelos pés, morrendo assim por nossos pecados, impressiona bastante o pecador arrependido, que modifica por completo o seu coração e a sua vida.

Enquanto lê a Palavra de Deus, ele vê a si próprio, como se fosse num espelho, e percebe quão longe está de Deus e que transgrediu a sua lei. Comovido, sente uma tristeza pura e profunda e, contrito, o pecador abre o seu coração para Deus com lágrimas e pranto. Jesus está aproximando-se. O amor e a paz de Deus entram no seu coração, quando começa a entender que "o sangue de Jesus Cristo, seu Filho, nos purifica de todo pecado" (1João 1.7).

"Perto está o Senhor dos que têm o coração quebrantado." (Salmos 34.18)

Mais uma vez, a Palavra de Deus declara:

"É para este que olharei: para o humilde e contrito de espírito, que treme da minha palavra" (Isaías 66.2).

O Espírito Santo diz a você em segredo as palavras de Jesus: "Filho, tem bom ânimo, teus pecados te são perdoados". Enquanto permanece olhando para a cruz e para o sangue de Jesus que sobre ela foi derramado, crendo que foi por seu pecado que Cristo morreu, começa a sentir que lhe foi tirado o peso do pecado. Pois Jesus na verdade "tomou sobre si as nossas enfermidades, e as nossas dores levou sobre si [...]. Mas ele foi ferido pelas nossas transgressões, e moído pelas nossas iniquidades [...] e o Senhor fez cair sobre ele a iniquidade de nós todos" (Isaías 53.4-6).

A luz do Espírito Santo enche agora o seu coração, antes escuro e sujo, mas, agora, limpo e alvo como a neve, pelo sangue de Jesus (cf. Isaías 1.18). O Espírito Santo testifica com o seu espírito que você foi perdoado e que, pela graça, você se tornou filho de Deus (cf. 1Coríntios 6.10,11). Porque, em Jesus, "temos a redenção pelo seu sangue, a remissão dos pecados, segundo as riquezas da sua graça" (Efésios 1.7).

Os desejos pecaminosos já cederam lugar a uma vontade profunda de viver para Deus e servir a quem primeiramente nos amou. Em vez de amar o mundo e as coisas que são do mundo, agora você ama a Deus e as coisas de Deus.

Nesse quadro, portanto, vemos que os animais, que representam o pecado, já estão fora do seu coração, bem como Satanás, embora ele vá de má vontade, olhando para trás e pensando na melhor maneira de voltar a entrar nele novamente. É por essa razão que Jesus nos avisa para vigiar e orar, a fim de resistir ao Diabo.

QUARTO QUADRO

Este quadro mostra um cristão que achou perfeita paz e redenção pelo sacrifício de Cristo e que, portanto, não se vangloria, a não ser na cruz de nosso Senhor Jesus Cristo, pela qual o mundo está crucificado para ele e ele, para o mundo (cf. Gálatas 6.14).

"Ele mesmo levou em seu corpo os nossos pecados sobre o madeiro, para que, mortos para os pecados, pudéssemos viver para a justiça; pelas suas feridas fostes sarados" (1Pedro 2.24). Assim, o cristão foi também crucificado para o mundo. Somos instados a andar no Espírito e a não seguir as concupiscências da carne (cf. Gálatas 5.16-25.)

Nesse quadro do coração, vê-se representada a coluna à qual nosso Senhor Jesus Cristo foi amarrado depois que seus inimigos lhe tiraram as vestes.

São visíveis, também, os chicotes com os quais o açoitaram cruelmente, pois o castigo que nos traz a paz estava sobre ele. Jesus foi ferido por nossos pecados.

Herodes e seu povo zombaram dele e, tendo-o açoitado, vestiram-no com uma túnica escarlate. Fizeram uma coroa de espinhos, em vez de uma coroa de ouro.

QUARTO QUADRO

Colocaram na mão direita dele uma cana, em vez de um cetro de rei, e curvaram-se perante ele em ar de zombaria, dizendo: "Viva o rei dos judeus!". Cuspiram nele e, tirando a cana de sua mão, bateram com ela na cabeça do Senhor. Depois de escarnecerem dele tão vergonhosa e cruelmente, levaram-no para ser crucificado.

Há muitos que se dizem cristãos, que oram nas igrejas, que tomam parte na ceia do Senhor, que cantam os hinos de Deus e que, no entanto, por suas ações más, crucificam Jesus constantemente.

"Nem todo o que me diz Senhor, Senhor! entrará no reino dos céus, mas aquele que faz a vontade de meu Pai, que está nos céus." (Mateus 7.21)

Nesse quadro encontramos o saco de dinheiro, que pertencia a Judas Iscariotes, que traiu a Jesus e o vendeu por 30 moedas de prata. Tudo porque o amor ao dinheiro perverteu seu coração e cegou sua mente. A lanterna, correntes etc. foram usadas pelos soldados quando lançaram sortes sobre as vestes do Senhor, cumprindo-se assim a profecia da Palavra de Deus:

"Repartem entre si as minhas vestes, e lançam sortes sobre a minha túnica" (Salmos 22.18).

Tiraram-lhe tudo o que tinha e rejeitaram a sua própria pessoa, dizendo:

"Não queremos que este reine sobre nós".

A humanidade, em geral, está ansiosa por receber todas as bênçãos de Deus, tanto a chuva quanto o sol, mas não quer submeter-se ao governo de Deus.

Para muitos, Deus serve apenas de refúgio nos tempos de tribulação e desespero.

"Contudo, um dos soldados traspassou-lhe o lado com uma lança, e imediatamente saiu sangue e água." (João 19.34) Antes de o galo cantar, Pedro tinha negado a Jesus três vezes perante a criada, porém mais tarde arrependeu-se, chorando lágrimas amargas.

Você está ao lado de Jesus por palavras e atos? Jesus disse:

"Portanto, todo aquele que me confessar diante dos homens, eu o confessarei diante de meu Pai que está nos céus. Mas todo aquele que me negar diante dos homens, eu o negarei também diante de meu Pai que está nos céus" (Mateus 10.32,33).

Jesus também disse:

"E quem não toma a sua cruz, e não vem após mim, não é digno de mim" (Mateus 10.38).

Benditos são aqueles que se firmam na Rocha, que é Jesus Cristo!

> *Rocha eterna, meu Jesus,*
> *Que por mim na amarga cruz*
> *Foi ferido em meu lugar,*
> *Morto para me salvar.*
> *Nele quero me esconder,*
> *Pois me poderá valer!*

QUINTO QUADRO

Este quadro revela o coração limpo e santificado do pecado, salvo pela abundante graça e misericórdia de Deus. Tornou-se um verdadeiro templo de Deus e habitação do Pai, do Filho e do Espírito Santo, conforme a promessa de Jesus Cristo:

"Se alguém me amar, guardará a minha palavra. Meu Pai o amará, e viremos para ele, e nele faremos morada" (João 14.23).

Deus agora honra, abençoa e eleva o homem por Jesus Cristo (cf. Lucas 1.52). O coração está agora transformado num verdadeiro templo de Deus.

O pecado foi lançado fora. Em lugar dos vários animais dominados por Satanás, pai da mentira, vemos o Espírito Santo, o Espírito da Verdade, habitando no coração. O que era o assento abominável da carne transformou-se num pomar, ou numa árvore frutífera, que produz o fruto do Espírito, o qual se manifesta em amor, alegria, paz, humildade, tolerância, bondade, fé, mansidão, temperança e outros, os quais são agradáveis a Deus e aos homens.

Agora é uma vara que dá fruto e faz parte da Videira Verdadeira, que é nosso Senhor Jesus Cristo. E o segredo de ser assim frutífero é estarmos em Cristo e este e as suas palavras estarem em nós (cf. João 15.1-10.)

QUINTO QUADRO

Visto que está cheio do Espírito Santo e batizado por ele, tem poder para vencer a carne e as suas concupiscências e crucificar o velho homem. Pelo poder do Espírito Santo, é capacitado para andar no Espírito, e não segundo a carne. Já não vive por aquilo que vê, que ouve ou sente, mas pela fé, porque a fé em Jesus Cristo é a vitória que vence o mundo.

Agora vive na esperança certa e viva da vinda, em breve, de nosso Senhor Jesus Cristo, e dessa gloriosa esperança tira a sua força. Vive pelo amor e no amor de Deus, que habita nele para sempre.

"Bem-aventurados os puros de coração, porque eles verão a Deus." (Mateus 5.8)

O rei Davi, apesar de todas as suas riquezas e das vitórias sobre seus inimigos, sabia que a maior batalha era a que se travava no seu coração; e, reconhecendo sua grande e premente necessidade, fez esta oração:

"Cria em mim, ó Deus, um coração puro, e renova em mim um espírito reto" (Salmos 51.10).

Não há ninguém que seja capaz de purificar o seu coração nem de criar em si próprio um coração puro, a não ser que, arrependendo-se verdadeiramente, procure a Deus, como fez o rei Davi, pedindo-lhe que lhe conceda um novo coração.

Deus está ansioso para dar um novo rumo à sua vida. Remendar os farrapos da nossa própria justiça, por promessas e vãs penhores, nunca poderá transformar nosso coração numa habitação digna de Deus. Mas, o Senhor está pronto para purificar nosso coração, pois ele prometeu:

"Dar-vos-ei um coração novo, e porei dentro em vós um espírito novo [...] porei dentro em vós o meu Espírito, e farei que andeis nos meus estatutos, e guardeis os meus juízos e os observeis" (Ezequiel 36.25,27).

É isto que exterioriza o Novo Testamento: que Deus selou com o sangue do seu Filho Jesus Cristo.

Nesse quadro, notamos ainda que o anjo aparece de novo. Os anjos são designados por Deus para ministrar àqueles que hão de herdar a vida eterna, e o anjo do Senhor acampa-se ao redor dos que o temem (cf. Salmos 34.7; 91,11; Daniel 6.22; Mateus 2.13; 13.19; 18.10; Atos 5.19; 12.7-10).

O Diabo também é visto junto ao coração, como quem espera uma oportunidade de entrar novamente em sua antiga casa. Por essa razão, temos que vigiar e orar, porque "o vosso adversário, o Diabo, anda em derredor, rugindo como leão, buscando a quem possa tragar" (1Pedro 5.8).

Por vezes, ele se disfarça em anjo de luz, enganando, com concupiscências, os santos descuidados. No entanto, se resistirmos ao Diabo, ele fugirá de nós (cf. Tiago 4.5).

SEXTO QUADRO

Este é um quadro muito triste, porque representa o crente que deixou a vida cristã. Um olho está para se fechar, mostrando que o fervor do cristão arrefeceu em algum ponto. O outro olho está fixando descaradamente o mundo. Nele já diminuiu a luz do evangelho e diminuirá também o desejo e a prontidão de sofrer por Cristo. Está cercado de tentações, às quais ele vai submetendo-se pouco a pouco. Em vez de escutar a voz de Deus, ouve as sugestões sutis e as vãs promessas do tentador. Embora ele ainda vá à igreja, já não é por amor a Deus, mas, sim, para fingir que ainda é religioso, escondendo, assim, que se tornou amigo do mundo.

Está duvidoso, hesitando entre dois pensamentos.

Começou a namorar o mundo, enquanto, por outro lado, finge amar a Deus. A estrela da consciência está quase apagada. A cruz transformou-se num peso que ele já não carrega alegremente. Sua fé começa a falhar, e ele deixa de ter comunhão íntima com Deus. Torna-se indiferente e começa a descuidar da saúde de sua alma. Pouco a pouco, ele vai dando lugar para o tentador, que espera do lado de fora, entrar. Já lhe é mais agradável a companhia de alguns mundanos que a dos crentes sinceros.

SEXTO QUADRO

O espírito do pavão, que representa a vaidade, também procura entrar. Depois, bate-lhe à porta o vício da bebedeira, forçando entrada. Se lhe for proporcionado um dia de festa, em companhia de alguns amigos, o crente beberá algumas taças de vinho que vão prejudicar sua vida espiritual. Pensamentos carnais e concupiscências reaparecem. Ele já gosta de ouvir anedotas imorais, de ver fotos indecorosas e de acompanhar aqueles que frequentam lugares onde estão todos os vícios... Satanás diz-lhe que isso não é pecado, que não faz mal, que todos esses desejos fazem parte da natureza humana.

A culpa não é nossa quando os pensamentos maus voam sobre nós como pássaros; no entanto, não devemos deixá-los entrar, nem fazer ninho em nosso coração. Disso só pode resultar má conduta. Se entregarmos o dedo mínimo a Satanás, dentro em breve ele tomará conta de toda a mão e por fim levará a alma e o espírito para o inferno. Portanto, Deus nos avisa solenemente para fugirmos das concupiscências da juventude e não brincarmos com o pecado, seja qual for a forma sob a qual se nos apresenta. Fujamos para perto de Jesus, o Vencedor.

O homem que vemos no quadro esfaqueando o coração, representa os escarnecedores e aqueles que se opõem ao cristianismo. Com a boca cheia de calúnias e lábios escarnecedores, ferem o coração dos cristãos.

O coração que hesita não pode suportar esses ataques e começa a temer os homens mais do que a Deus. Desse modo, torna-se escravo dos homens e vai se afastando do Senhor.

No tempo das dificuldades e dos desapontamentos, aparecem a ira e o mau gênio, que à força entram no coração. A serpente má da inveja segue atrás da vaidade, e o mau gênio penetra, enquanto os outros estão também se infiltrando.

É muito fácil o amor ao dinheiro entrar no coração, se deixarmos de prestar atenção aos avisos de nosso Senhor Jesus Cristo, quando diz:

"Vigiai e orai, para que não entreis em tentação" (Mateus 26.41).

"Aquele, pois, que pensa estar em pé, cuida para que não caia." (1Coríntios 10.12)

Temos que nos revestir de toda a armadura de Deus, "para que [possamos] estar firmes contra as astutas ciladas do Diabo" (Efésios 6.11).

SÉTIMO QUADRO

Este quadro revela o estado infiel do coração do homem. Mostra igualmente a condição de uma pessoa que nunca se arrependeu nem se entregou ao Senhor, apesar de a verdade do evangelho lhe ter sido apresentada e revelada. O homem que endurece o coração

SÉTIMO QUADRO

quando Deus intercede por ele, irá de mal a pior, não obstante seus esforços para melhorar.

Referindo-se a esse último estado, Jesus descreveu a sua posição:

"Quando o espírito imundo sai do homem, anda por lugares secos, buscando repouso, e não o acha. Então diz: Tornarei para minha casa donde saí. Chegando, acha-a varrida e adornada. Então vai, e leva consigo outros sete espíritos piores do que ele e, entrando, habitam ali. E o último estado desse homem é pior do que o primeiro" (Lucas 11.24-26).

"Deste modo sobreveio-lhes o que diz este provérbio verdadeiro: O cão voltou ao seu próprio vômito, e a porca lavada voltou a revolver-se na lama." (2Pedro 2.22)

Esses textos bíblicos explicam claramente o estado do coração infiel, que nunca se arrependeu. O pecado, com toda a sua capacidade de enganar, voltou a governar o coração e nele fixou residência. O Espírito Santo, aquela meiga pomba, vê-se obrigado a deixar o coração, pois o pecado e o Espírito Santo não podem viver juntos.

É impossível ao coração servir de templo de Deus e de covil de Satanás ao mesmo tempo.

O anjo, a Palavra de Deus, tem de retirar-se com dor, olhando para trás, esperando ainda que a pessoa se arrependa como o filho pródigo. Pois este, quando chegou ao ponto de desejar encher o seu estômago com as bolotas que os porcos comiam e ninguém lhe dava nada, tornando a si, disse:

"Levantar-me-ei, e irei ter com meu pai, e dir-lhe-ei: Pai, pequei contra o céu e perante ti. Já não sou digno de ser chamado teu filho [...]. Quando ainda estava longe, viu-o seu pai, e se moveu de íntima compaixão e, correndo, lançou-se-lhe ao pescoço e o beijou" (Lucas 15.18-20).

Mas, nesse caso, não se veem indícios de verdadeiro arrependimento, nem inclinações para Deus, nem busca de perdão aos pés de Jesus. A consciência está endurecida e foi já obrigada a calar-se. Tendo ouvidos, o homem deixou de ouvir a voz suplicante de Jesus. Tendo olhos, não vê o abismo do Hades com a boca escancarada diante de seus pés.

Já não se sente envergonhado por persistir no pecado. Satanás já veio reinar em seu coração e sentou-se como rei no seu trono. É possível que ainda se possa gabar de ser respeitável e bem-educado perante os outros, de ter aparência de religioso, mas é como um sepulcro branco por fora que, por dentro, está cheio de ossos de mortos e de toda a imundície (cf. Mateus 23.27).

O pai da mentira está ocupando o lugar do Espírito da Verdade. Todo animal, ou seja, todo pecado, está acompanhado por um demônio especial, e um espírito imundo ocupa o seu coração. Embora queira ver-se livre desses atormentadores, eles conservam-no preso. Que terrível fim o seu!

"Todo aquele que quebrava a Lei de Moisés morria sem misericórdia, só pela palavra de duas ou três testemunhas. De quanto maior castigo será julgado merecedor aquele que pisar o Filho de Deus, e tiver por profano o sangue da aliança com o qual foi santificado, e ultrajar o Espírito da graça?" (Hebreus 10.28,29; cf. 2Pedro 2.1-4).

Querido leitor, se esse quadro corresponde à sua condição, clame a Deus sem demora do fundo de sua alma. Ele é capaz de salvar até o último momento e de perdoar todos os pecados se você vier num espírito de verdadeiro arrependimento. Ele pode prender o Diabo e todo seu exército das trevas e lançá-lo fora do coração, caso você estiver pronto a deixá-lo fazer. Vinde, como o leproso que, chegando-se a Jesus, disse:

"Se quiseres, bem podes limpar-me. Jesus, com grande compaixão, estendeu a mão, tocou-o, e lhe disse: Quero, sê limpo" (Marcos 1.40,41).

Se continuar endurecendo seu coração e amando as trevas, em vez da luz, não haverá esperança nem ajuda, porque você está escolhendo a morte em lugar da vida.

"Pois o salário do pecado é a morte." (Romanos 6.23)

OITAVO QUADRO

Aqui encontramos o pecador aproximando-se do seu fim, com o corpo cheio de dor e a alma cheia de temor da morte. A morte (o esqueleto) veio numa hora inesperada e pouco agradável. Os prazeres enganadores do pecado foram embora, e ele tem de encarar, na sua realidade, o terrível salário do pecado. As agonias do inferno já se agarraram à sua vítima.

Embora ele agora deseje orar, encontra dificuldades para ter comunhão com aquele cujo amor desprezou. Os velhos amigos têm medo de permanecer ao seu lado no leito de morte, e as vãs palavras de conforto já não o ajudam. Suas riquezas, provavelmente mal adquiridas, não podem prolongar sua vida nem salvar sua alma. É impossível para ele concentrar os pensamentos em Deus, porque o Diabo não lhe dá essa oportunidade.

Tudo aquilo que ele amava, e para o qual vivia, agora zomba dele. Nem seu pastor infiel e provavelmente não convertido pode ajudá-lo. Ele começa a experimentar que "horrenda coisa é cair nas mãos do Deus vivo" (Hebreus 10.31).

Esperava ajustar contas com Deus num dia conveniente ou no seu leito de morte, mas agora é já muito tarde. Milhares de pessoas morrem de repente sem oportunidade de procurar Deus. É, portanto, essencial

— 47 —

OITAVO QUADRO

buscar a Deus enquanto se pode achar. Em vez de ouvir as palavras salvadoras e confortadoras do seu Deus, esse pecador moribundo, que rejeitou a graça e o amor do Senhor Jesus durante a sua vida, ouve agora a voz do seu Juiz, dizendo: "Apartai-vos de mim, malditos, para o fogo eterno, preparado para o Diabo e seus anjos" (Mateus 25.41).

"[...] aos homens está ordenado morrer uma só vez, vindo depois disso o juízo." (Hebreus 9.27)

NONO QUADRO

Este quadro representa um cristão que suporta as tentações e está vencendo no meio de grandes tribulações. Ele fica firme mesmo quando tentado de todos os lados e resiste até o fim, sendo mais que vencedor por Jesus Cristo.

Não somente tem começado a carreira cristã, como tem perseverado, correndo com paciência, não olhando para a direita nem para a esquerda, mas, sim, para Jesus, autor e consumador da fé (cf. Hebreus 12.1-2).

Satanás, com todo o seu exército, cerca o coração do crente, tentando em vão desviar o filho de Deus. O orgulho, o amor ao dinheiro, o demônio, a imoralidade e muitos outros pecados estão representados.

No lugar da onça, vemos o burro, porque muitas vezes o pecado aproxima-se de outra forma e esconde-se

NONO QUADRO

sob uma máscara ou sob outro nome. Mas o cristão vigilante reconhece o pecado sob qualquer disfarce, ainda que seja de anjo de luz, pois a Palavra de Deus e o Espírito da Verdade conduzem-no a toda a verdade.

Além dos animais, vê-se um homem dançando com um copo na mão, tentando assim o cristão com os prazeres do mundo. Não consegue, porém, qualquer efeito sobre o cristão dedicado, pois este morreu com Cristo para o pecado e o mundo.

O segundo homem está esfaqueando o cristão. Quando uma pessoa, que se diz crente, ou até mesmo um inimigo do evangelho, fala mal dos outros, é infiel, escarnece ou ameaça as pessoas, tudo isso é como se fosse uma faca no coração do cristão sincero. No entanto, ele não liga para aquilo que dizem, mas, sim, para o que Deus diz:

"Bem-aventurados sois vós, quando vos injuriarem e perseguirem e, mentindo, disserem todo o mal contra vós por minha causa. Regozijai-vos e alegrai-vos, porque grande é o vosso galardão nos céus" (Mateus 5.11,12).

O pecado, a nossa carne e o Diabo tentam constantemente nos separar do amor de Deus. Mas com grande alegria podemos dizer:

"Quem nos separará do amor de Cristo? A tribulação, ou a angústia, ou a perseguição, ou a fome, ou a nudez, ou o perigo, ou a espada? [...] Mas em todas estas coisas somos mais do que vencedores, por aquele que nos amou" (Romanos 8.35,37).

O cristão, revestido de toda a armadura de Deus, é capaz de vencer as tentações, por Jesus Cristo, o qual venceu todas as provas e tentações, a fim de que nós pudéssemos vencer e receber uma coroa de glória.

A estrela

A estrela da sua consciência está limpa e brilhante. Seu coração está cheio de fé e do Espírito Santo. O anjo de Deus, a Palavra de Deus, que está sobre ele lhe faz lembrar das preciosas promessas dadas àquele que vence e resiste até o fim.

"Ao que vencer, dar-lhe-ei a comer da árvore da vida, que está no paraíso de Deus."

"O que vencer, de modo algum sofrerá o dano da segunda morte."

"Ao que vencer darei do maná escondido, e lhe darei uma pedra branca, e na pedra um novo nome escrito."

"Ao que vencer, e guardar até o fim as minhas obras, eu lhe darei autoridade."

"O que vencer será vestido de vestes brancas. De maneira nenhuma riscarei o seu nome do livro da vida, mas confessarei o seu nome diante de meu Pai e diante dos seus anjos."

"A quem vencer, eu o farei coluna no templo do meu Deus, de onde jamais sairá. Escreverei sobre ele o nome do meu Deus, e o nome da cidade do meu Deus [...] e também o meu novo nome."

"Ao que vencer, dar-lhe-ei assentar-se comigo no meu trono, assim como eu venci, e me assentei com meu Pai no seu trono." (Apocalipse 2.7,11,17,26; 3.5,12,21).

O saquinho

O saquinho aberto com dinheiro mostra que não somente o seu coração, mas também o seu dinheiro, está consagrado a Deus. Em vez de gastar à toa o seu dinheiro, gasta-o em doações aos pobres, dá o dízimo e ofertas para a obra de Deus. Há quem dê tudo o que possui para a glória de Deus.

O pãozinho e o peixe

O pãozinho e o peixe significam que ele vive uma vida pura e santa. Não se contamina com bebidas fortes. Não gasta seu dinheiro nem contamina seu corpo (que é o santuário de Deus) mascando tabaco nem fumando; também não faz uso de drogas. Alimenta-se, sim, com comidas boas e nutritivas.

Seu corpo tornou-se uma casa de oração, e ele assiste aos cultos com regularidade e reverência, em todo o tempo e em todas as circunstâncias. Gosta muito de orar, quer na igreja quer em particular, porque sabe que um cristão não pode viver sem comungar com Deus pela oração.

O livro aberto

O livro aberto significa que a Bíblia é um livro aberto para ele, que a lê e estuda diariamente, encontrando, dessa forma, força, vida, luz e riquezas sem conta. A Bíblia tornou-se uma lâmpada para os seus pés e também uma espada com a qual vence o inimigo. É ela o pão espiritual de todos os dias para a sua alma e água para matar a sua sede. Ao mesmo tempo, é a pia onde lava a alma e um espelho onde se contempla e vê realmente como ele é.

O cristão gosta de levar a sua cruz, porque sabe que sem ela não pode haver coroa. Como ele sabe que ressurgiu com Cristo para uma nova vida, então procura as coisas de cima, as coisas eternas que não são visíveis.

Está preparado para encontrar-se com Deus; é semelhante a uma árvore plantada junto a ribeiros de águas, que dá seu fruto na estação própria; ou como um ramo de videira verdadeira que dá muito fruto. Desconhece o medo da morte, visto que, pela plenitude do Espírito Santo, o perfeito amor de Deus enche e domina o seu coração.

DÉCIMO QUADRO

Jesus disse: "Eu sou a ressurreição e a vida. Quem crê em mim, ainda que esteja morto, viverá; e todo

DÉCIMO QUADRO

aquele que vive e crê em mim, nunca morrerá" (João 11.25,26).

"Em verdade, em verdade vos digo que quem ouve a minha palavra e crê naquele que me enviou, tem a vida eterna, e não entrará em condenação, mas passou da morte para a vida." (João 5.24)

O cristão já não receia a morte, nem esta o atormenta.

"Onde está, ó morte, o teu aguilhão? Onde está, ó morte, a tua vitória? [...] Mas graças a Deus que nos dá a vitória por nosso Senhor Jesus Cristo." (1Coríntios 15.55,57)

Uma pessoa que viveu e andou com Deus não tem medo da morte. Quando chegar sua hora de partir deste mundo, ela vai de boa vontade, como diz o apóstolo Paulo:

"Mas de ambos os lados estou em aperto, tendo desejo de partir e estar com Cristo, o que é muito melhor" (Filipenses 1.23).

Um cristão verdadeiro sente-se ansioso por encontrar-se face a face com Jesus, que por ele morreu e o redimiu na cruz. O Espírito Santo traz-lhe à lembrança as palavras de Jesus:

"Não se turbe o vosso coração. Credes em Deus, crede também em mim. Na casa de meu Pai há muitas moradas [...] virei outra vez, e vos levarei para mim mesmo, para que onde eu estou estejais vós também" (João 14.1-43).

"As coisas que o olho não viu, e o ouvido não ouviu, e não subiram ao coração do homem, são as que Deus preparou para os que o amam." (1Coríntios 2.9)

Não há linguagem humana que possa descrever ou explicar a glória dos lugares no céu, glória preparada para os que andam nas pisadas do Senhor Jesus Cristo aqui na terra.

Em lugar do horroroso esqueleto (a Morte), vê-se o anjo ou o mensageiro de Deus neste último quadro. Ele está à espera de poder levar o espírito do justo para junto de Deus. A alma e o espírito são desprendidos do corpo mortal que os prendera e voam para o seio daquele a quem serviram e amaram na terra.

As boas-vindas esperam-no na presença de Deus, onde as palavras de louvor do seu Senhor e Mestre o cumprimentam:

"Muito bem, servo bom e fiel. [...]. Entra e participa da alegria do teu Senhor" (Mateus 25.21).

Satanás jamais terá domínio sobre ele; porque "preciosa é à vista do Senhor a morte dos seus santos" (Salmos 116.15).

"Então ouvi uma voz do céu, que dizia: Escreve: Bem-aventurados os mortos que desde agora morrem no Senhor. Sim, diz o Espírito, descansarão dos seus trabalhos, pois as suas obras os acompanharão." (Apocalipse 14.13)

Caro leitor de *O coração do homem*, que Deus o ajude a entregar o seu coração àquele que o ama e roga, dizendo:

"Dá-me, filho meu, o teu coração" (Provérbios 23.26).

Entregue a Jesus o seu coração cansado, desapontado e cheio de aflições, e ele dará a você um novo coração e um novo espírito. Não se deixe iludir por seu coração enganador, pronto a seguir os seus desejos. Pois todo aquele "que confia no seu próprio coração é insensato" (Provérbios 28.26).

Abandone os seus pecados e siga a justiça:

"Pois o salário do pecado é a morte, mas o dom gratuito de Deus é a vida eterna, em Cristo Jesus nosso Senhor" (Romanos 6.23).

E, se você já entregou a sua vida a Deus, imite a forma de palavras sãs na fé e no amor que há em Cristo Jesus, da mesma forma que Paulo:

"Porque sei em quem tenho crido, e estou certo de que ele é poderoso para guardar o meu depósito até aquele dia" (2Timóteo 1.12).

"Mas vós, amados, edificando-vos sobre a vossa santíssima fé, orando no Espírito Santo, conservai-vos no amor de Deus, esperando a misericórdia de nosso Senhor Jesus Cristo para a vida eterna." (Judas 20,21)

Guarde-se no amor de Deus, vendo em Jesus o Caminho, a Verdade e a Vida, que em breve voltará para buscar os seus escolhidos.

"Ora, àquele que é poderoso para vos guardar de tropeçar, e apresentar-vos jubilosos e imaculados diante da sua glória, ao único Deus, nosso Salvador, por Jesus Cristo nosso Senhor, glória, majestade, domínio e poder, antes de todos os séculos, agora e para todo o sempre. Amém." (Judas 24,25)

Com Jesus há morada feliz,
Prometida e segura nos céus;
Avistamos o santo país
Pela fé na Palavra de Deus.

No celeste porvir!
Com Jesus no celeste porvir.

No descanso perfeito, eternal,
Desfrutando o labor que passou,
Cantaremos em tom triunfal
Os louvores de quem nos amou.

Esta obra foi composta em *Adobe Garamond*
e impressa por *Imprensa da Fé* sobre papel
Offset 63 g/m² para Editora Vida.